ESTA EDICIÓN
Producido para DK por WonderLab Group LLC
Jennifer Emmett, Erica Green, Kate Hale, *fundadoras*

Edición Grace Hill Smith, Libby Romero, Michaela Weglinski; **Edición de fotografía** Kelley Miller, Annette Kiesow, Nicole DiMella; **Dirección editorial** Rachel Houghton; **Diseño** Project Design Company; **Investigación** Michelle Harris; **Revisión de textos en inglés** Lori Merritt; **Creación de índices en inglés** Connie Binder; **Traducción** Isabel C. Mendoza; **Corrección de pruebas** Carmen Orozco; **Lectura de sensibilidad** Ebonye Gussine Wilkins; **Especialista en lectura de la colección** Dra. Jennifer Albro; **Especialista en currículo** Elaine Larson

Primera edición estadounidense, 2023
Publicado en Estados Unidos por DK Publishing, una división de Penguin Random House LLC
1745 Broadway, 20th Floor, New York, NY 10019

Copyright © 2025 Dorling Kindersley Limited
© Traducción en español 2024 Dorling Kindersley Limited
25 26 27 10 9 8 7 6 5 4 3 2 1
001-345926-August/2025

Título original: *Eruption*
Primera edición: 2023

Todos los derechos reservados.
Sin limitación a los derechos bajo la propiedad intelectual expresada arriba, ninguna parte de esta publicación puede ser reproducida, guardada o incluida en ningún sistema de recuperación de información, ni transmitida en ninguna forma ni por ningún medio (electrónico, mecánico, mediante fotocopia, grabación o cualquier otro) sin el permiso previo, por escrito, del titular de los derechos de autor.
Publicado en Gran Bretaña por Dorling Kindersley Limited

Un registro de catálogo de este libro está disponible en la Biblioteca del Congreso.
HC ISBN: 978-0-5939-6665-5
PB ISBN: 978-0-5939-6664-8

Los libros de DK están disponibles con descuentos especiales para compras al por mayor para promociones especiales, regalos, recaudación de fondos o usos educativos. Para más información contacte a:
DK Publishing Special Markets, 1745 Broadway, 20th Floor, New York, NY 10019
SpecialSales@dk.com

Impreso en China

La editorial quisiera agradecer a las siguientes personas e instituciones por el permiso para reproducir sus imágenes:
a=arriba; c=centro; b=abajo; i=izquierda; d=derecha; s=superior; f=fondo
Alamy Stock Photo: Robertharding / Roberto Moiola 19si, Science History Images 42, Westend61 GmbH / Fotofeeling 6-7; **Dorling Kindersley:** Jamie Marshall 18bi; **Dreamstime.com:** Dkg 23sd, Evanfariston 22, Tearswept 36cdb; **Getty Images:** Moment / Albert Damanik 20cdb, Moment / Jose A. Bernat Bacete 21, Moment Open / by Mike Lyvers 19cd, Jim Sugar 1; **Shutterstock.com:** Dirk M. de Boer 43cda, cktravels.com 23b, Anton_Ivanov 29, James Davis Photography 27, Liudmila Legkaia 34-35, Rubi Rodriguez Martinez 18cib, Benny Marty 41b, Stephen Reich 4-5, Alfiya Safuanova 24sd, Lia Sanz 7sd

Imágenes de portada: *Frente*: **Getty Images:** Jim Sugar; *Contraportada*: **Dreamstime.com:** Ekaterina Mikhailova

www.dk.com

Nivel 3

¡Erupción!

Anita Ganeri

Contenido

6	Conviértete en un "guardavolcanes"
10	¿Qué es un volcán?
14	Haz el modelo de un volcán
16	Tipos de volcanes
30	Volcanes que detentan récords
32	Volcanes: lo malo y lo bueno
44	Mitos volcánicos

46 Glosario
47 Índice
48 Prueba

Conviértete en un "guardavolcanes"

¡Emprende aventuras de verdad!
- Aprende sobre los volcanes.
- Ayuda a cuidar los parques nacionales volcánicos.
- Comparte con otros lo que aprendas.

Lo que puedes hacer:

- Observa una erupción desde una distancia segura.
- Colecciona rocas volcánicas interesantes.
- Haz una caminata hasta el borde del cráter de un volcán extinto.
- Camina por tubos de lava extintos.

rocas volcánicas

7

¿Qué cosa se parece a una montaña, pero escupe fuego? ¿Qué dispara nubes de humo por un agujero que tiene en la parte de arriba? ¿Qué explota a veces con un **ESTALLIDO?**

Un volcán, ¡y ha comenzado a erupcionar!

¿Qué es un volcán?

La historia de un volcán comienza debajo de la tierra. Si saltas sobre el suelo, lo sentirás sólido y duro.

Pero abajo, muy dentro de la Tierra, hace tanto calor que las rocas se derriten. Allí las rocas son líquidas, como mantequilla derretida.

A veces, la roca derretida, o magma, brota por un agujero o una grieta en el suelo. Es así como nace un volcán.

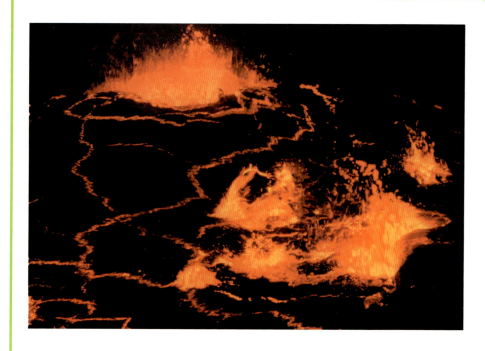

La roca derretida que sale de un volcán se llama lava. Al comienzo, es líquida y está al rojo vivo. El aire la enfría y la convierte en roca dura y negra.

Algunos volcanes expulsan ardientes fuentes de lava. De otros volcanes sale la lava en grandes ríos de fuego.

lava que se ha enfriado

Una vez que la lava comienza a salir, nada puede detenerla. Puede sepultar pueblos completos e incendiar árboles y casas.

Las placas tectónicas
La superficie de la Tierra está compuesta por grandes bloques de roca en movimiento llamadas placas tectónicas. Estas placas se separan, se deslizan unas sobre otras y se chocan. Estos movimientos pueden causar erupciones volcánicas y terremotos, o temblores de tierra.

Haz el modelo de un volcán

Para hacer un volcán con forma de cono en erupción, vas a necesitar: una botella, una bandeja, arena, bicarbonato de soda, colorante de alimentos rojo, jabón lavaplatos líquido y vinagre. Puedes decorar tu volcán con plantas, piedras y animales de juguete.

1. Coloca la botella sobre la bandeja.

2. Forma un montículo de arena alrededor de la botella. No cubras el agujero.

3. Ahora, coloca plantas, piedras y animales de juguete alrededor del volcán.

4. Mezcla en la botella el bicarbonato de soda, el colorante de alimentos rojo y el jabón lavaplatos líquido. Luego, vierte vinagre. ¡Mira cómo erupciona tu volcán!

Tipos de volcanes

Hay volcanes de diferentes formas y tamaños. Algunos erupcionan con un estallido. Rocas y ceniza calientes salen disparadas por el aire. Estos volcanes forman montañas con forma de cono, con laderas empinadas.

Otros volcanes erupcionan en silencio. La lava rezuma suavemente desde la cima y se esparce por los alrededores. Estos volcanes son bajos y anchos.

Volcán cono de ceniza

Estos volcanes expulsan lava que se endurece y se rompe en trozos pequeños, o cenizas. Al caer, las cenizas forman una colina con forma de cono.

Estratovolcán

Estos volcanes se forman por la acumulación de lava y cenizas de varias erupciones. Son volcanes grandes y empinados que producen grandes explosiones.

Paricutín
México
volcán cono de ceniza

Cotopaxi
Ecuador
estratovolcán

Erta Ale
Etiopía
volcán en escudo

Monte Lassen
California, EE. UU.
volcán domo de lava

Volcán en escudo

Las erupciones de un volcán en escudo suelen ser más lentas que las de los estratovolcanes. La lava fluye en todas las direcciones, formando laderas anchas.

Volcán domo de lava

Estos volcanes se forman cuando la lava es tan espesa que no fluye muy lejos. La lava se acumula en la abertura, o fumarola, del volcán.

Algunos volcanes hacen erupciones violentas. Expulsan nubes de ceniza y polvo calientes. La ceniza está compuesta de gas y trozos diminutos de lava y roca.

La ceniza
Puede ser fina, como el polvo, o gruesa, como la arena. Las nubes de ceniza pueden desplazarse a miles de millas del volcán. En 1815, cuando el monte Tambora, en Indonesia, hizo erupción, su ceniza se dispersó por todo el mundo. Tapó el sol del verano e hizo que varias partes del planeta se enfriaran por varios meses.

La ceniza y el polvo salen disparados hacia el aire. Una parte cae cerca del volcán, cubriendo edificios y campos con un polvo grueso de color gris oscuro.

El viento arrastra otra parte de la ceniza y el polvo, bloqueando el sol, como si el día se convirtiera en noche.

En la cima de un volcán hay un hueco llamado cráter. En él hay un agujero llamado fumarola. Por la fumarola salen la lava, la ceniza y el polvo. Algunos volcanes tienen cráteres que miden varias millas de ancho.

    Cuando un volcán para de erupcionar, el cráter queda abierto. Algunos cráteres viejos se llenan de agua, formando enormes lagos. A veces, el cráter se convierte en una verde llanura seca.

El lago Cráter

El lago Cráter, en Oregón, EE. UU., es el lago más profundo del país. Se formó cuando un volcán, el monte Mazama, hizo erupción y luego se colapsó hace casi 8000 años.

Los lagos Esmeralda de Nueva Zelanda también son lagos de cráter.

Stromboli

El volcán Stromboli, ubicado frente a la costa del sur de Italia, expulsa lava varias veces por hora. Al Stromboli lo apodan "el faro del Mediterráneo" ya que en la noche se pueden ver desde lejos sus penachos ardientes.

Cuando un volcán expulsa lava y ceniza, se dice que hace erupción o erupciona. A un volcán que está erupcionando se le llama "activo".

Kilauea, en Hawái, es el volcán más activo de la Tierra. ¡Ha erupcionado sin parar desde 1983!

Cuando un volcán no está erupcionando se le llama inactivo. Esto significa que está "dormido", pero puede erupcionar en cualquier momento.

Monserrat es una diminuta isla del mar Caribe. Era un lugar hermoso para vivir. Pero en 1995, un volcán llamado el pico Chances comenzó a erupcionar.

ceniza volcánica

Había estado inactivo por más de trescientos años. Mucha gente tuvo que abandonar su hogar ya que cayó ceniza por todas partes. Algunos dejaron la isla y se fueron a vivir a otros países. Era muy peligroso seguir viviendo en la isla.

El monte Vesubio es un volcán ubicado en Italia. En el año 79 EC, el Vesubio erupcionó de manera violenta, expulsando al aire ceniza y gases calientes.

La ceniza sepultó la ciudad de Pompeya, y murieron miles de personas. Hoy puedes caminar por las calles de Pompeya y ver las ruinas romanas.

Cuerpo de un perro petrificado por la ceniza

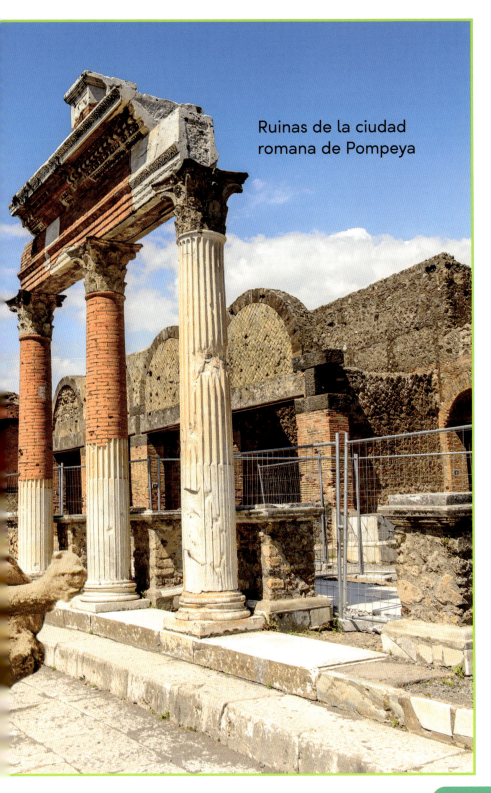

Ruinas de la ciudad romana de Pompeya

Volcanes que detentan récords

Hay muchos volcanes famosos por sus erupciones y su tamaño. He aquí algunos que poseen récords.

Inactivo

Nombre: monte Fuji

Ubicación: Japón

Récord: el volcán más vigilado del mundo

Inactivo

Nombre: monte Vesubio

Ubicación: Italia

Récord: el volcán más visitado del mundo

Activo

Nombre: Mauna Loa

Ubicación: Hawái, EE. UU.

Récord: el volcán más grande de la Tierra

Activo

Nombre: Krakatoa

Ubicación: Indonesia

Récord: produjo la explosión más ruidosa jamás escuchada cuando erupcionó, en 1883

Activo

Nombre: Kilauea

Ubicación: Hawái, EE. UU.

Récord: el volcán más activo de la Tierra

Extinto

Nombre: monte Olimpo

Ubicación: Marte

Récord: el volcán más grande del universo conocido

Volcanes: lo malo y lo bueno

Los volcanes pueden ser muy peligrosos e iniciar otros desastres.

Terremoto

A veces, un volcán puede ocasionar un terremoto. Los terremotos violentos pueden destruir ciudades y matar gente.

Tsunami

Una erupción volcánica puede generar una gigante ola marina llamada tsunami. Esta ola destruye todo a su paso.

Alteraciones meteorológicas

Cuando un volcán erupciona, expulsa gas y polvo. Esto puede bloquear la luz del sol y producir fuertes vientos y lluvias torrenciales.

piedra pómez

Sin embargo, los volcanes también pueden ser útiles.

Rocas
Algunas rocas volcánicas, como la piedra pómez, pueden usarse para raspar la piel endurecida. El basalto se usa para hacer bloques para construcción y aceras.

Agricultura
Las erupciones se llevan las plantas viejas y muertas. La ceniza volcánica nutre el suelo, y las nuevas plantas crecen fuertes y saludables.

Manantiales termales
En algunas regiones volcánicas, la gente usa agua subterránea caliente para calentar sus casas y producir electricidad.

Un tesoro enterrado

En un tipo de roca llamada kimberlita se pueden encontrar diamantes. Esta roca se forma a partir de un tipo raro de magma que se encuentra en las profundidades de la Tierra. ¡Algunos volcanes, al erupcionar, pueden traer estos tesoros a la superficie!

En algunos lugares, se usan bloques de lava sólida para construir carreteras, puentes y casas. En algunas rocas volcánicas se pueden encontrar oro y diamantes.

Las rocas subterráneas que están cerca de un volcán se pueden calentar mucho y, a su vez, calentar el agua hasta convertirla en vapor. A veces, gigantes chorros de agua hirviendo y vapor brotan desde el suelo con gran fuerza. Estos chorros se llaman géiseres.

El Viejo Fiel es un géiser famoso que hay en el parque Yellowstone, en Wyoming, EE. UU. Recibió este nombre porque brota sin falta unas veinte veces al día.

Un baño caliente

Los manantiales termales, al igual que los géiseres, se producen por el calor que hay dentro de la Tierra, que se llama calor geotérmico. En la laguna Azul de Islandia, la gente se baña en aguas que los campos de lava mantienen calientes. Y en Japón, los macacos, o monos de las nieves, ¡también se relajan en aguas termales!

Hay muchos volcanes submarinos. La mayoría no los puedes ver, pero algunos son tan altos que se asoman a la superficie del agua, formando islas.

En 1963, un volcán submarino erupcionó cerca de Islandia. Del mar comenzó a salir humo y vapor. En poco tiempo, el volcán creció y formó una nueva isla. La gente de la localidad la llamó Surtsey, en honor al dios islandés del fuego.

El Anillo de Fuego

La mayoría de los volcanes activos de la Tierra están ubicados debajo del agua a lo largo de las costas del océano Pacífico. En esta área, que tiene forma de herradura y es llamada el Anillo de Fuego, hay más de 450 volcanes.

Hawái es un grupo de más de cien islas ubicadas en el océano Pacífico. Estas islas son la cima de enormes volcanes submarinos. Algunos de estos volcanes tienen dos o más cráteres, pero sus erupciones son muy suaves.

En algunos lugares, la lava fluye hacia el mar, haciéndolo silbar y echar vapor. Algunas playas tienen la arena negra, que se formó a partir de lava seca triturada.

Los tubos de lava

En Hawái hay muchos tubos de lava, pasajes subterráneos creados por ríos de lava. Estos tubos pueden estar activos, es decir, que por ellos todavía puede correr lava. En un tubo de lava extinto no fluye lava. Esta se ha enfriado y ha formado un túnel parecido a una cueva.

Los vulcanólogos son científicos que tratan de averiguar cómo funcionan los volcanes. Quieren saber cuándo van a erupcionar. De esta manera, se puede trasladar a lugares seguros a la gente que vive cerca.

Sin embargo, los vulcanólogos todavía no han encontrado todas las respuestas. Nadie sabe cuándo va a hacer erupción un volcán, ¡hasta que sucede!

Sus tareas
Los vulcanólogos miden los cambios en la temperatura del volcán y monitorean los gases que expulsa. Estos científicos también utilizan equipos que detectan temblores, o movimientos, en la corteza de la Tierra.

Detectores animales

En 2012, unos científicos notaron que pocas horas antes de la erupción del volcán Etna, en Italia, las cabras se pusieron nerviosas y huyeron del lugar. Los científicos creen que los animales quizás fueron capaces de sentir los primeros temblores del suelo y detectar gases en el aire.

43

Mitos volcánicos

En los mitos, las erupciones volcánicas son causadas por dioses y diosas.

Vulcano

En los mitos romanos, Vulcano es el dios del fuego y la forja de metales. La palabra "volcán" se deriva de su nombre. Los griegos lo llamaban Hefesto.

En los mitos, Vulcano vive escondido en sus talleres, que están debajo de los volcanes. Allí, calienta metales y les da forma.

Pele
Es la diosa hawaiana de los volcanes. Según las leyendas, cuando Pele se enoja, erupciona un volcán.

Surtur
Es el dios nórdico del fuego. La isla volcánica de Surtsey lleva su nombre.

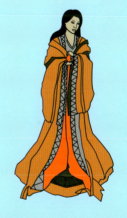

Fuchi
Es la diosa japonesa del fuego. El monte Fuji lleva su nombre.

Glosario

activo
Dicho de un volcán: que hace erupción

ceniza
Trozos diminutos de roca volcánica

cráter
Hundimiento en la abertura de un volcán por donde salen gases, lava y ceniza

erupción
Lo que hace un volcán al expulsar lava y ceniza

extinto
Dicho de un volcán: que ha parado de hacer erupción y no volverá a erupcionar de nuevo

fumarola
La abertura de un volcán

géiser
Chorro de agua hirviendo y vapor que sale de la tierra de manera repentina

inactivo
Dicho de un volcán: que no ha hecho erupción en mucho tiempo, pero puede volver a erupcionar

lava
Roca caliente y derretida que sale de un volcán

tsunami
Gigante ola marina que puede ser generada por erupciones volcánicas o terremotos

vulcanólogo
Científico que estudia los volcanes

Índice

agricultura 33

alteraciones meteorológicas 20, 21, 32

Anillo de Fuego 39

cráteres 22–23, 40

detectores animales 43

diamantes 34, 35

erupciones
    de humo y fuego 8–9
    de volcanes activos 25
    forma de un volcán 16–17
    modelo de un volcán 15
    observar 7
    que detentan récords 30–31
    tipos de volcanes 18–19

estratovolcán 18

fumarola 19, 22

géiser Viejo Fiel 36

géiseres 36

hacer el modelo de un volcán 14–15

Hawái, EE. UU. 25, 31, 40–41, 45

Kilauea, Hawái, EE. UU. 25, 31

kimberlita 34

Krakatoa, Indonesia 31

lago Cráter, Oregón, EE. UU. 23

lava
    como material de construcción 35
    en Hawái 40
    que sale de los volcanes 12–13, 17, 22
    tipos de volcanes 18, 19

magma 10, 34

manantiales termales 33, 36

Mauna Loa, Hawái, EE. UU. 31

mitos 44–45

monte Fuji, Japón 30, 45

monte Olimpo, Marte 31

monte Tambora, Indonesia 20

monte Vesubio, Italia 28, 30

oro 35

pico Chances, Monserrat 26–27

piedra pómez 33

placas tectónicas 13

Pompeya, Italia 28, 29

rocas volcánicas 7, 33, 35

Stromboli, Italia 24

Surtsey, Islandia 38, 45

terremotos 13, 32

tsunami 32

tubos de lava 7, 41

tubos de lava extintos 7, 41

volcanes
    formas y tamaños 16–17
    hacer un modelo 14–15
    lo malo y lo bueno de los 32–33
    ¿Qué es un volcán? 10–13
    tipos 18–19

volcanes activos 25, 31, 39

volcanes cono de ceniza 18

volcanes domo de lava 19

volcanes en escudo 19

volcanes extintos 7, 31

volcanes inactivos 26–27, 30

volcanes submarinos 38, 40

vulcanólogos 42

Prueba

Responde las preguntas para saber cuánto aprendiste. Verifica tus respuestas en la parte de abajo.

1. ¿Dónde comienza una erupción volcánica?
2. ¿Cómo se llama la roca derretida que sale de un volcán?
3. ¿Cómo se llama el hundimiento que hay en la cima de un volcán?
4. ¿Cuál es el volcán más activo de la Tierra?
5. ¿Qué tipo de volcán se forma por la acumulación de lava y cenizas de varias erupciones?
6. ¿Qué tipo de volcán se forma cuando la lava es tan espesa que no fluye muy lejos?
7. Verdadero o falso: Hay muchos volcanes submarinos.
8. ¿Cómo se llaman los científicos que estudian los volcanes?

1. Debajo de la tierra 2. Lava 3. Cráter 4. Kilauea
5. Un estratovolcán 6. Un volcán domo de lava 7. Verdadero
8. Vulcanólogos